UNE

LOI ANTI-ÉCONOMIQUE

(LA LOI JAVAL)

SOCIÉTÉ D'ÉCONOMIE POLITIQUE DE LYON

Séance du 7 mars 1890

Alexandre BÉRARD

Docteur en droit
Conseiller général de l'Ain
Substitut du Procureur de la République à Lyon

LYON

MOUGIN-RUSAND, IMPRIMEUR-ÉDITEUR

3, RUE STELLA, 3

—

1890

UNE

LOI ANTI-ÉCONOMIQUE

(LA LOI JAVAL)

SOCIÉTÉ D'ÉCONOMIE POLITIQUE DE LYON

Séance du 7 mars 1890

ALEXANDRE BÉRARD

Docteur en droit
Conseiller général de l'Ain
Substitut du Procureur de la République à Lyon

LYON

MOUGIN-RUSAND, IMPRIMEUR-ÉDITEUR

3, RUE STELLA, 3

1890

LOI ANTI-ÉCONOMIQUE

(LA LOI JAVAL)

RAPPORT

Lu à la Société d'économie politique de Lyon

Par M. Alexandre BÉRARD

Substitut du Procureur de la République

———— ·+>·<+· ————

MESSIEURS,

I

A la fin du XVIIIe siècle et aux premiers jours du XIXe, à l'époque où la science économique naissante s'unissait à la philosophie pour bouleverser le vieux monde et reconquérir à l'humanité ses droits, lorsque Malthus jeta dans son *Essai sur le principe de la population* ses fameuses propositions, il y eut, dans tous les pays d'Europe un profond émoi : contrairement à toutes les aspirations généreuses de l'époque, l'humanité était-elle fatalement vouée à la misère par cela seul qu'elle grandissait en nombre, par cela seul que, suivant la loi naturelle, elle procréait des enfants ?

Jusqu'à ce jour, philosophes et hommes d'Etat acceptaient sans discuter cet aphorisme : « Là où est la popula-« tion, là est la force » ; et voilà que tout à coup, en cette époque cependant où tant d'idées nouvelles révolutionnaient l'esprit, un économiste, renversant d'un seul trait de

plume tous les principes reçus et indiscutés, venait écrire :
« La race humaine croît comme les nombres 1, 2, 4, 8, 16,
« 32, 64, 128, 256, tandis que les subsistances croissent
« comme ceux-ci : 1, 2, 3, 4, 5, 6, 7, 8, 9. Au bout de deux
« siècles (la population, selon Malthus, doublant en 25 ans),
« la population sera aux moyens de subsistance comme
« 256 est à 9. »

Jusqu'à ce moment, subissant l'influence des vieux préjugés, l'Etat, qui a toujours une tendance à tout réglementer et à se mêler de ce qui ne le regarde pas — tendance qu'il a au suprême degré sous les régimes monarchiques, — avait poussé à la reproduction ; en lisant le livre de Malthus, les gouvernants ne renoncèrent pas à réglementer la reproduction, chose de libre initiative, d'initiative individuelle, s'il en fut, mais au lieu de chercher à l'activer, beaucoup d'entre eux s'efforcèrent de l'enrayer.

Et, comme au milieu de tous les faits économiques qui troublaient leurs calculs et étonnaient leur ignorance, les lois de l'humanité, qui régissent et seules peuvent régir les mouvements de la population, venaient sans cesse renverser leurs bizarres combinaisons, les gouvernants passaient, suivant les circonstances, d'un système à un autre, tantôt poussant à la reproduction, suivant les vieux errements, comme si la volonté du législateur pouvait réglementer les lois naturelles, tantôt s'opposant, dans la mesure de leurs forces, à cette reproduction, comme si l'homme pouvait dompter la nature, empêcher le chêne de jeter ses glands sur le sol et de faire jaillir de la terre la forêt immense ! Et ces gouvernants inconscients et stupides ne voyaient pas que, chaque fois qu'ils édictaient une loi nouvelle dans un sens ou dans l'autre, cette loi nouvelle étant la contradiction même de la loi précédente, ils s'usaient en efforts stériles, aussi vains que ceux du monarque saxon essayant d'arrêter les flots qui venaient battre le rivage de son royaume !

Ils ressemblaient assez au paysan de la fable, auquel Jupin avait remis, pour les bonnes destinées de son champ, la libre disposition de la pluie bienfaisante et du soleil producteur et, qui, après en avoir usé sa guise, voyait son champ improductif à côté des superbes récoltes de ses voisins, pour lesquelles la nature seule avait distribué pluies et rayons. Mais, moins sage que le paysan de la fable, repentant aux pieds de Jupin et le suppliant de reprendre la direction des éléments, les gouvernants ont continué, malgré les plus désastreuses expériences, à se livrer sur les peuples à leurs agissements de haute fantaisie.

En nulle autre matière, il n'a été mieux démontré que l'humanité pouvait subir les impressions de tous les préjugés et les impulsions de toutes les folies.

Faut-il vous rappeler tous les édits étranges rendus en tous pays et en tous temps sur la population ? Faut-il vous rappeler les lois des Consuls et des Césars frappant inutilement le célibat chez les Romains et récompensant les justes noces ? Faut-il vous rappeler l'édit de Louis XIV de novembre 1666 offrant une exemption de charges publiques à ceux qui se marieraient avant 20 ans ou à ceux qui auraient dix enfants légitimes ? Au point de vue du développement de la richesse publique et de l'accroissement de la population, il eût mieux valu, au lieu de rédiger ce puéril édit, ne pas révoquer l'édit de Nantes, ne pas égorger les protestants et ne pas les chasser du territoire de la patrie pour le plus grand profit de l'Angleterre et de la Prusse naissante ! Et Napoléon Ier, il lui fallait des soldats à lui et à sa dynastie pour remplacer ceux tombés sur les champs de bataille et pour ajouter à la gloire sanglante et lugubre des Bonapartes, et Napoléon Ier promit à toute famille qui aurait sept enfants mâles d'en prendre un à sa charge, c'est à dire d'en prendre un à la charge des contribuables.

Les autres gouvernements n'ont pas été plus sages que les nôtres, ils ont voulu tantôt pousser à la reproduction, tantôt limiter la population ; en 1797, Pitt proposa un bill pour accorder des récompenses aux pères des familles nombreuses ; une loi sarde de 1819 exemptait de toute contribution royale et nobiliaire tout sujet du duché de Gênes ayant douze enfants. D'un autre côté, on a vu les lois du royaume de Saxe défendre le mariage avant 25 ans, celles du Mecklembourg avant 22 ; on a vu enfin la Norwège, plusieurs des différents Etats de l'ancienne Confédération germanique, Lubeck, Francfort, la Bavière, le Wurtemberg, dans une pensée sans doute très sage, mais dans une pensée que le législateur ne saurait avoir pour les particuliers, ne permettre le mariage qu'aux habitants pouvant prouver qu'ils étaient en mesure de nourrir et d'élever une famille. Et, au milieu de toutes ces réglementations, nous ne parlons pas des lois barbares et sanglantes, nous ne parlons pas des Spartiates égorgeant les enfants difformes, des lois d'Athènes et de Rome permettant l'exposition des enfants, des prêtresses de Formose faisant avorter les femmes qui étaient enceintes avant l'âge de 35 ans! Nul, nous le supposons, parmi ceux qui veulent réglementer à outrance, ne songe à avoir recours à de pareils procédés.

L'inutilité de tous les efforts tentés par les divers gouvernements n'ont pas dessillé les yeux et; depuis quelques vingt ans, en notre cher pays de France, il est des gens qui parlent sérieusement d'encourager la reproduction par des mesures législatives et, ce qui est plus grave, ils viennent de réussir.

Depuis vingt ans, on crie partout, dans les brochures de gens qui n'ont guère étudié, dans les journaux d'hommes qui ont moins étudié encore, que la France se dépeuple ou du moins qu'elle n'a pas un accroissement de population proportionnel à celui des pays voisins. Et, sans voir que c'est là la conséquence inévitable et naturelle de notre civilisation, le résultat forcé d'une loi inéluctable, tous déclarent que c'est là la ruine de notre chère patrie.

Il y a longtemps qu'on l'a dit, alors que la population double en 34 ans dans le duché de Bade, en 50 ans en Irlande, en 51 ans en Grèce, en 66 ans en Prusse, en 78 ans en Angleterre, elle met 118 ans pour doubler en France. Et je crois bien que ces chiffres sont encore au-dessous de la réalité; mais ces statisticiens oublient seulement que là où la population croit vite, on se trouve en face de pays misérables comme l'Irlande et la Grèce et que là où elle grandit lentement les pays sont riches et prospères comme l'Angleterre et la France.

Et la cause immédiate de ce lent accroissement de notre population? Elle a été vite et facilement trouvée : elle ne réside ni dans la mortalité des nouveau-nés, ni dans la mortalité générale; en France la mortalité des nouveaux-nés est de 15 0/0, elle est en général dans les autres pays d'Europe de 25 0/0; en France, par an, il y a un décès pour 40 habitants, en Prusse, en Russie, en Saxe, en Allemagne, il y en a un sur un chiffre variant de 28 à 39; la seule cause, elle consiste dans l'infécondité des unions légitimes.

En effet, alors que par mariage il y a en moyenne 5 enfants en Russie, en Italie, en Irlande, 4 en Norwège, en Allemagne, en Angleterre, il n'y en a que 3 en France — et je crois bien que, depuis que les statistiques placées sous mes yeux ont été dressées, la moyenne a encore baissé.

Cette infécondité n'a pas cessé de croître depuis le commencement du siècle :

De 1800 à 1810 en moy. chaque mariage procréait plus de 4 enfants
— 1810 à 1820 — — en procréait 3,76
— 1820 à 1840 — — — 3,25
— 1840 à 1860 — — — 3,15
En 1872 — — — 3,05

De 1750 à 1790, il y avait en France par an une naissance pour 27 habitants ; de 1819 à 1831 une pour 31 ; de 1839 à 1843 une pour 35 ; de 1861 à 1864 une pour 37.

Et alors de chercher les moyens de rémédier au mal ou au prétendu mal et, comme toujours en pareil cas, de se tourner vers l'Etat qui n'a que faire en telle matière; et comme par une loi fatale, à travers tous les âges et à travers tous les pays, les mêmes erreurs économiques entraînent les mêmes fautes, de même que, à Rome, la loi Papia Poppæa exemptait de tout impôt les citoyens romains ayant trois enfants, nous avons en France, en 1890, la loi Javal dispensant les citoyens français ayant sept enfants de payer une partie de leurs impôts.

II

Dans la séance du 4 juillet 1889, M. Javal, député de l'Yonne, déposait sur le bureau de la Chambre des Députés, à l'occasion de la discussion du budget de 1890 (paragraphe 2 de l'article 3 de la loi de finances), un amendement ainsi conçu : « Les pères ou mères de 7 enfants seront exempts « du payement des contributions personnelle et mobilière. »

Et l'honorable représentant déclarait, pour soutenir son projet, qu'il intéressait 150,000 familles, qu'il ne grèverait en rien le budget puisque l'impôt serait payé par les autres citoyens, que, enfin la Chambre pour se conformer aux manifestations de l'opinion publique, « devait se souvenir qu'elle « avait contracté une sorte de dette envers les familles « nombreuses. »

M. le Directeur général des Contributions directes, qui, auprès de la Chambre, remplissait les fonctions de commissaire du Gouvernement, combattait le projet, mais il le combattait si mollement que l'on pouvait bien dire que c'était uniquement pour la forme.

Cependant M. le Directeur général des Contributions directes signalait des arguments qui, présentés avec plus d'énergie et de vigueur, eussent suffi à faire rejeter la proposition. Pour les familles pauvres ayant sept enfants, disait-il, la réforme sera inutile, puisque la loi du 21 avril 1832, exempte les indigents ; « pour les familles riches, ce sera un « dégrèvement bien peu appréciable et insuffisamment jus- « tifié au point de vue de l'égalité proportionnelle devant « l'impôt ; enfin, ajoutait-il, en ce qui touche les classes « moyennes, on peut dire que les enfants sont quelquefois « très utiles à leurs parents pour l'exercice de leur profes- « sion, et qu'ils constituent une ressource souvent appré- « ciable à l'atelier, à la boutique ou au magasin. Il y a aussi « des mineurs qui ont des revenus personnels dont jouit la « famille. »

Et, après avoir présenté tout bonnement ces arguments, qui eussent cependant mérité un plus sérieux examen et une discussion plus approfondie, le représentant du Gouvernement s'en remettait à la sagesse de la Chambre, en déclarant toutefois que le Gouvernement ne pouvait se rallier à l'amendement Javal.

L'auteur du projet remonta à la tribune pour repousser les objections du précédent orateur : entre autres choses, il affirma qu'il n'y avait que 150 familles riches, soit une sur 1,000, pour profiter du bénéfice de la loi nouvelle, que, au nom de l'égalité, malgré leur fortune, ces familles devaient en bénéficier, qu'il ne devait pas y avoir « de distinction « entre les riches et les pauvres. » Et l'honorable député, égaré dans ses calculs par ses sentiments philanthropiques, de conclure : « Je n'ai jamais apporté à cette tribune un « chiffre qui ait été démenti par les faits, et je déclare « aujourd'hui, sans crainte de recevoir aucun démenti ulté- « rieur, que la charge pour tous les autres contribuables « n'atteindra pas un centime pour franc. Sur cet impôt variable

« comme l'impôt mobilier, cette augmentation de charges,
« inférieure à un centime, passera réellement inaperçue;
« mais ce qui sera senti, c'est le bienfait dont nous sera rede-
« vable cette population de 1,500,000 prolétaires. Car, en
« tous pays, conformément à l'étymologie, ce sont les pro-
« létaires qui ont le plus d'enfants, et c'est pour eux que je
« suis monté à cette tribune. »

Absolument emballé — que l'on me pardonne l'expression,
— l'honorable député plaçait du coup les 150,000 familles, qui
devaient bénéficier de la loi, dans la classe des prolétaires,
oubliant même que les prolétaires, déjà dispensés de payer
l'impôt, ne devaient nullement bénéficier de la loi nouvelle.

Le moindre instant de réflexion eût suffi pour renverser
toute l'argumentation de l'honorable M. Javal, mais la
Chambre ne réfléchit pas, et, emballée comme l'auteur de
la proposition, vota à mains levées l'amendement désastreux
dû à une philanthropie irréfléchie (1).

Le Sénat, ayant repoussé l'amendement de M. Javal, qui
ne lui paraissait pas assez clair et assez précis, l'auteur du
projet le reprit, dans la séance de la Chambre des députés
du 15 juillet 1889 (2), en lui donnant une nouvelle rédaction
qui, adoptée successivement par la Chambre et par le Sénat,
devint la loi actuelle :

« Les pères et mères de sept enfants vivants, légitimes ou
« reconnus, ne seront pas inscrits au rôle de la contribution
« personnelle et mobilière. »

III

Cette loi avait pour but de pousser à la procréation : c'était
une loi essentiellement contraire à tous les principes de

---

(1) *Journal officiel*, 5 juillet 1889, p. 1782 et 1783.
(2) *Journal officiel*, 16 juillet 1889, p. 2034.

saine économie politique : on ne devait pas tarder à s'apercevoir de ses déplorables conséquences. Toutes les fautes se payent, toutes les erreurs trouvent leurs châtiments ; c'est la loi universelle, c'est la première inscrite dans le code des harmonies providentielles ; dans le domaine économique cette loi s'applique peut-être plus rigoureusement que dans tout autre domaine.

Les fautes économiques ont leur châtiment immédiat et éclatant parce qu'elles touchent à la vie même de l'humanité, à sa vie de chaque jour, et elles la touchent dans ce qui lui est le plus sensible, dans son existence matérielle, dans son pain quotidien.

La contribution personnelle et mobilière est un impôt de répartition : si certains citoyens sont dispensés de le payer, ce sont leurs concitoyens qui doivent le payer à leur place. C'est une libéralité faite aux uns au détriment des autres ; en l'espèce, c'est obliger la généralité des citoyens à contribuer pour une quote part à la nourriture et à l'entretien des familles dont le père a sept enfants.

Les auteurs de la loi n'ont pas voulu voir que le peu de croissance de la population en France était une conséquence forcée de notre état de civilisation, que les nations procréent des enfants en proportion absolument inverse de leur développement moral, intellectuel et matériel. Bien entendu, il faut entendre cette loi de la race et non des individus : il serait absurde de prétendre que, dans un même pays, dans une même race, ce sont les illettrés seuls et les faibles d'esprit qui ont beaucoup d'enfants et que les hommes intelligents en ont un petit nombre ou n'en ont pas du tout.

En ce qui concerne en particulier la patrie française, il est certain que si la population indigène ne croît pas aussi rapidement que celle des pays voisins c'est qu'elle tient hautement le flambeau du progrès et de la civilisation.

1*

Puis on oublie trop que, chaque jour, la France subit l'invasion étrangère et que cette invasion est fatale.

Chaque jour, les étrangers franchissent en foule notre frontière venant chercher sous le doux ciel de France travail, vie et bien-être. Chaque jour, ils se mêlent à la population française, qui les assujetit à sa puissante civilisation. C'est le sang nouveau qui est infusé dans le corps de la nation, mais c'est la nation qui l'absorbe sans qu'il exerce une influence appréciable sur l'économie de sa vie.

C'est ainsi que lorsque les légions romaines étouffèrent sous leurs lances et leurs faisceaux la liberté des cités grecques, renversèrent les temples de Corinthe et d'Athènes, victorieuses, elles furent cependant enchaînées par la civilisation hellénique, et que, si les marbres du Parthénon virent triomphantes les aigles quirites, le génie d'Homère et de Sophocle, de Platon et d'Aristote, fit à son tour la conquête du Capitole.

Sans doute, le législateur français doit se préoccuper de l'invasion étrangère; il doit la réglementer tant au point civil qu'au point de vue criminel, imposer une taxe aux étrangers, les contraindre à la naturalisation, surveiller leurs agissements afin de n'ouvrir les portes de notre pays qu'à ceux qui sont d'honnêtes gens; mais le législateur doit envisager sans crainte cette invasion pacifique, qui est conforme à toutes nos traditions historiques.

Cette invasion, elle a commencé à une époque, qui se perd dans la nuit des siècles fabuleux; elle a commencé avec les Ibères et les Celtes, elle a continué avec les Romains, avec les Cimbres et les Teutons, elle s'est poursuivie avec les Visigoths, les Burgondes et les Francs, elle s'est terminée en sa période guerrière avec les Sarrasins, avec les Anglo-Saxons au temps de la guerre de Cent ans, avec les hordes étrangères de 1814 et de 1815. Depuis elle s'est continuée pacifiquement, mais elle s'est continuée non moins active-

ment : elle ne se fait plus avec les chariots de guerre, elle
n'est plus accompagnée du cliquetis des lances et du choc
des boucliers, elle n'en est pas moins profonde.

Aussi, en notre terre de France, contrairement à ce qui
se voit en Italie, en Espagne, en Angleterre, en Allemagne,
il n'y a pas de type humain fixe et propre : tous les types
se confondent et se mêlent, le descendant des Gaulois à
l'épaisse moustache blonde à côté du Latin aux cheveux
bruns et aux traits réguliers, le Burgonde aux cheveux
roux à côté de l'Arabe aux yeux vifs et aux pommettes sail-
lantes.

Tous ces peuples ont passé sur notre sol, tous se sont
fondus en la nation la plus homogène qui soit au monde
sans altérer en rien le caractère propre à notre pays. La
terre de France a été le creuset de la civilisation dans
lequel se sont fondus tous les peuples d'Europe.

Il y a donc, dans cette invasion que rien n'arrêtera, pas
plus que rien n'arrêtera jamais le courant des fleuves, dans
cette invasion qui donne à la France des enfants, dès la
seconde génération, absolument oublieux de leur origine et
absolument dévoués à leur mère adoptive, il y a, disons-
nous, dans cette invasion une ressource inépuisable pour la
population de la vieille terre des Gaules.

A cela, les auteurs de la loi qui nous occupe n'ont jamais
pensé; mais ils ont commis une erreur bien plus grave, une
erreur fondamentale : ils ont cru, et M. Javal l'a très nette-
ment dit, que seuls les prolétaires avaient beaucoup d'enfants et que c'est aux classes de travailleurs seules que pro-
fiterait la loi.

Cela est une erreur absolue. Il n'y a pas que les pauvres
qui aient beaucoup d'enfants.

Ce sont, en effet, tout à la fois les gens très riches et les
gens très pauvres, qui, en général, ont le plus grand nombre d'enfants.

Les raisons, qui expliquent ce fait, sont multiples et souvent d'un ordre trop délicat pour être développées même dans une société d'économie politique ; mais parmi elles, au premier rang, figurent l'incurie des pauvres et l'oisiveté des riches. Dans ces deux classes extrêmes de la société, les mariages se contractent à un âge plus jeune que dans l'immense classe moyenne, ouvriers, petits patrons, patrons, ayant besoin de travailler pour vivre, classe qui constitue la force et la vie de la démocratie française ; très pauvres et très riches se marient très jeunes, les uns vivant au jour le jour, sans se préoccuper du lendemain, les autres n'ayant pas de soucis du lendemain par cela même qu'ils ont trouvé des millions dans les layettes de leurs berceaux. Le reste de l'humanité ne songe à se marier que lorsqu'il a une position et ne songe à procréer une famille que lorsqu'il a les moyens de l'élever et de la nourrir.

Or, les très pauvres, les indigents ne payant déjà pas d'impôt, la loi Javal, devait d'abord profiter à la classe la plus riche de notre société, c'est-à-dire à celle qui en a le moins besoin, à celle qui est la moins digne d'intérêt puisqu'elle a déjà reçu les bienfaits de la fortune.

« Dieu bénit les nombreuses familles, » répète-t-on dans un certain monde ; non, c'est une erreur, il faut retourner la proposition, ceux-là ont de nombreuses familles qui ont déjà reçu de Dieu fortune et richesses.

IV

Nous l'avons dit, dès qu'on a essayé d'appliquer la loi Javal, la loi votée le 17 juillet 1889, on s'est aperçu de la faute monumentale qui avait été commise.

Le budget de 1890 était à peine en exercice, que, le 25 janvier de cette année, un député, M. Clech, interpellait M. Rouvier, ministre des Finances, sur l'application de la loi nouvelle.

M. Clech, qui représente le département du Finistère,
constatait que, dans son département, il y avait un grand
nombre de familles ayant sept enfants et il remarquait aussi
que les conséquences de la loi étaient désastreuses.

Il citait une commune, celle de Lanmeur comptant
2,500 habitants, dans laquelle 30 familles bénéficiant de la
loi, payaient précédemment 775 francs de contribution personnelle mobilière, lesquels 775 francs se répartissant sur
les autres habitants allaient leur imposer un surcroît de
charge de 15 0/0.

L'honorable Ministre des finances répondait qu'il recon-
naissait, lui aussi, les effets déplorables de la loi vctée sur
la proposition de M. Javal, mais il ajoutait que, le budget de
1890 étant définitivement voté, en cette année, il n'y avait
rien à faire sinon à subir les conséquences de la loi.

« Je reconnais, disait M. Rouvier, que les effets de
« l'amendement sont peut-être différents de ceux qu'avait
« prévus M. Javal. Il y a un certain nombre de communes
« où les familles, comptant plus de sept enfants, sont pré-
« cisément celles dont la situation de fortune est la plus
« aisée ; il se trouve alors que la part d'impôts qu'elles ne
« payent plus est répartie sur les familles voisines, bien que
« celles-ci soient quelquefois dans une situation moins
« favorable ou qu'elles aient à leur charge, — le cas n'est
« pas rare, — cinq ou six enfants à élever.

« Mais enfin, peut-on en ce moment apporter des remèdes
« à cette situation? Pour cette année, je n'en aperçois pas.
« Les rôles sont faits, ils sont pour la plupart mis en re-
« couvrement ; il ne saurait être question de les modifier. »

Et, très sagement, M. Rouvier concluait : « Dans tous les
« cas, ce qui doit rester de cette discussion, c'est une leçon
« pour tout le monde, aussi bien pour le Gouvernement
« que pour les législateurs, à savoir qu'il n'est pas bon
« d'improviser des mesures de cette nature. »

Et, l'interpellateur désolé, M. Clech, constatait que cette impuissance à empêcher l'application de la loi Javal était désastreuse. Dans son département, le Finistère, les familles ayant sept enfants se comptent par centaines et par milliers, des petites communes en ont jusqu'à 85 !

« Vous arriverez à ce résultat étonnant en matière de « législation, disait-il, c'est qu'une loi qui est faite dans « l'intérêt d'une catégorie d'individus devient désastreuse « pour ceux à qui elle prétend venir en aide (1). »

Cela était parfaitement juste, mais le mal était fait et, pour l'année 1890 du moins, il était irréparable.

Inutile d'ajouter que, pour l'année 1891, le Ministère des finances, si je suis bien informé, se propose de demander au Parlement de rayer, ou tout au moins de modifier la loi votée l'année dernière sur la proposition de M. Javal.

V

M. Clech, nous l'avons dit, représente le Finistère, et il parlait au nom de la Bretagne : dans notre région, où l'on compte cependant beaucoup moins de familles nombreuses, les conséquences de la loi Javal n'ont pas été moins regrettables.

Ici, ce sont les familles riches seules ou à peu près seules qui ont bénéficié de la loi au détriment des autres citoyens.

Dans la ville de Lyon, 305 familles ont 7 enfants reconnus ou légitimes vivants et bénéficient de la loi : en dehors de ces 305 familles, il n'existe avec sept enfants que des familles indigentes exemptes de tout temps de toute imposition.

---

(1) *Journal officiel*, 26 janvier 1890. Chambre des députés, séance du 25 janvier, p. 83, 84 et 85.

Or, ces 305 familles, qui seules ont tiré profit de la loi Javal se répartissent ainsi :

119 familles riches payant ensemble précédemment 34,623 fr. 89 de contribution mobilière et personnelle ;
101 familles aisées payant précédemment 4,914 fr. 56 ;
 85 familles peu aisées payant précédemment 1,470 fr. 95.

  Vous le voyez donc, Messieurs, ce sont surtout les familles riches qui bénéficient de la loi, et les 34,623 fr. 89 payés jusque-là par ces familles riches, comme les 4,914 fr. 56 c. payés par les familles aisées et les 1,470 fr. 95 payés par les familles peu aisées tomberont désormais à charge à la masse des travailleurs beaucoup moins fortunés et par conséquent beaucoup plus dignes d'intérêt que la plupart des exonérés. L'augmentation pour les autres citoyens est de 4,50 % de leur contribution personnelle.

  Voulez-vous examiner ces chiffres en détail ?

  Voici le quartier de Perrache : il compte 59 familles exonérées. Sur ce nombre, 31 sont des familles riches, 7 seulement sont peu aisées et 21 sont aisées.

  Pour préciser ces évaluations, voyons la valeur locative des appartements occupés par ces familles :

Nombre des familles		Prix du loyer
1	paye un loyer supérieur à . .	6,000 fr.
2	payent un loyer égal ou supérieur à	5,000 »
5	— —	4,000 »
5	— —	3,000 »
9	— —	2,000 »
17	— —	1,000 »
12	— —	500 »
8	— —	220 »

Total 59

Passons-nous dans le quartier de l'Hôtel-Dieu? Là nous trouvons 27 familles exonérées en vertu de la loi Javal : de ce nombre 18 sont riches, 3 aisées, 5 peu aisées.

Voici pour les deux quartiers qui ont, à Lyon, le mono-pole presque unique des rentiers.

Nous entrons dans les quartiers du travail : deux seule-lement, la Bourse et la Croix-Rousse. A la Bourse, il y a 5 familles exonérées, dont 4 riches et 1 aisée. A la Croix-Rousse, 12 familles exonérées, toutes très aisées. Et que l'on veuille bien le remarquer, le nombre des familles de sept enfants est bien moins élevé dans les quartiers habités par les gens qui travaillent que dans ceux habités par les oisifs.

Mais c'est surtout dans les campagnes que les effets de la loi sont déplorables, c'est là surtout que l'on voit la loi exonérant de la contribution mobilière, personnelle la famille la plus riche, celle du châtelain, pour en rejeter tout le poids sur les familles de cultivateurs peu aisées. Ainsi dans la commune de M... canton de Meximieux (Ain), commune de moins de 500 habitants, un seul est exonéré, c'est le châtelain, propriétaire de la plus grande partie de la commune et payant précédemment une côte personnelle mobilière de 280 fr. 1 c.; ainsi encore la commune de C..., sur les bords du Rhône, au-dessus de Lyon (350 habitants environ), un seul est exonéré, le châtelain plusieurs fois millionnaire et payant précédemment une côte personnelle mobilière de 184 fr. 28 c. Eh bien! cette année, il faudra que ce soient les paysans, fermiers, petits cultivateurs, artisans, à M... et à C... qui paient la part des châtelains millionnaires! Ainsi le veut la justice de la loi Javal!

On me dit, sans que je puisse le contrôler par des chiffres ou par des renseignements précis, que la situation est encore pire dans certaines régions, la Savoie par exemple : dans quelques villages, en dehors de celui qui serait exonéré en vertu de la loi, il n'y aurait presque que des indigents exemptés du paiement de tout impôt ! (2)

Voici les résultats de la loi ? Ils sont iniques et odieux. Et ce qu'il y a de plus curieux c'est que M. Javal lui-même reconnaît aujourd'hui que son amendement au budget n'aura aucune influence sur le dévelopement de la population. En janvier dernier, il écrivait à la *Revue scientifique :* « Je ne « pense pas que notre article de loi ait par lui-même une « influence sur la natalité en France. » De sorte que, ainsi que le remarquait M. Clech, à la tribune de la Chambre des députés : « Ainsi, l'auteur de la loi lui-même reconnaît que

---

(2) Il faut ajouter que, dans l'ensemble du territoire, grâce à la population rurale de certaines régions, le nombre des familles peu aisées bénéficiant de l'exonération de la loi est de beaucoup le plus considérable. Cela ne modifie en rien les conclusions de notre rapport sur l'injustice de la loi dispensant du paiement de la contribution personnelle mobilière un très grand nombre de gens très riches au détriment des citoyens beaucoup moins aisés.

Nous avons sous les yeux le résumé de la statisque dressée pour toute la France ; nous y relevons les chiffres suivants :

	Riches. .	5,475
Nombre des contribuables exemptés : 148,808	Aisés . .	29,697
	Peu aisés.	113,636

Montant des cotes personnelles supprimées . . .	267,204 fr. 90
Montant des cotes mobilières supprimées en principal et en centimes additionels.	2,034,209 fr. 85
Montant total des cotes supprimées	2,301,484 fr. 75

Décomposition des 2,301,484 fr. 75 de	Riches .	594,647 fr. 68
cotes supprimées suivant le degré	Aisés . .	679,221 » 70
d'aisances.	Peu aisés.	1,027,615 » 37

Voici le détail pour le département du Rhône :

	Riches. .	221
Nombre des exemptés : 1,987	Aisés . .	406
	Peu aisés.	1,380

Montant total des cotes supprimées : 73,869 fr. 61, dont 46,643 fr. 14 payées par les familles riches, 12,976 fr. 24 par les aisés, 14,250 fr. 23 par les peu aisés.

« pour votre argent vous n'aurez pas un enfant de plus en
« France (1). »

Quelle est donc la pensée intime de la loi, la seule qui
reste? Faire élever les enfants des familles nombreuses par
les autres citoyens, eh bien! nous n'hésitons pas à le dire,
il est monstrueux de faire contribuer tous les citoyens, les
travailleurs, à l'entretien et à l'éducation des enfants de
de quelques-uns, tout au moins dans le cas, qui, en l'espèce, est le cas très fréquent, où ces enfants sont des enfants de millionnaires.

Mais hélas! il n'en est ainsi que trop souvent : les lois sont
faites au bénéfice et au profit des classes les plus riches et
au détriment des classes laborieuses !

VI

Il est un principe, une loi suprême qui domine l'humanité
tant dans le monde économique que dans tous les autres
domaines politique, religieux, social : c'est la liberté.

Laissez donc aux lois naturelles le soin d'agir par le seul
jeu de la libre initiative de l'humanité ! Les lois naturelles
sont d'ordre providentiel; elles sont merveilleuses d'harmo-
nie; elles sont plus sages que toutes les inventions du législateur.

Oui les propositions de Malthus en théorie sont vraies,
mais dans la pratique elles sont limitées même par le per-
fectionnement de l'humanité: vous avez si peu à les redou-
ter que vous voyez les gouvernements, à travers tous les
âges, pousser à la reproduction. Oui, d'un autre côté, la
population en France ne croît pas aussi rapidement que

---

(1) *Journal officiel*, 26 janvier 1890.

dans les pays circonvoisins, mais cette limitation est conforme aux lois providentielles qui veulent que, précisément pour éviter ces fléaux, la guerre, la famine, la misère, l'équilibre soit rétabli entre le nombre des individus et la quantité des subsistances par le seul développement de la civilisation : les lois providentielles, elles veulent que, à la table de l'humanité, les mets soient toujours assez copieux pour le nombre des convives et que même ces convives aient des repas de plus en plus abondants (2).

Oui, que la population soit nombreuse, mais à la condition que cette population puisse vivre et être heureuse, qu'elle puisse progresser sans cesse à l'abri de la misère et de la souffrance, qu'elle puisse sans cesse accroître son bien-être et étendre le domaine de son intelligence ! Que le nombre ne nuise pas aux individus !

La force de reproduction, dans l'immense échelle des êtres animés, diminue en raison directe de l'élévation de l'individu.

Vous connaissez tous ces exemples classiques qui traînent dans les manuels et les dictionnaires d'Economie politique : « Un seul pied de maïs fournit 2,000 graines, un soleil 4,000, « un pavot 32,000, un orme 100,000. Une carpe pond « 340,000 œufs. On a calculé qu'une jusquiame peuplerait « de plantes le globe en quatre ans, et que deux harengs « rempliraient la mer en dix ans, l'Océan couvrît-il la « terre (3). »

---

(2) En ce qui concerne en particulier la France, il est certain que les départements, dans lesquels les familles ont le plus grand nombre d'enfants, sont précisément ceux qui comptent le plus d'ignorants et le plus d'illettrés, les départements de la Bretagne ou du Poitou. Au contraire, les départements les moins féconds, sont ceux qui sont les premiers par l'instruction, la Seine, le Rhône, la Gironde, presque tous nos départements de l'Est.

(3) *Dictionnaire d'Economie politique*, t. II, p. 385, v° *Population*. — Baudrillart, *Manuel d'Economie politique*, p. 326.

Mais élevez-vous dans l'échelle des êtres : l'oiseau ne produit plus que quelques oisillons ; le quadrupède est moins fécond encore ; la gestation est de plus en plus longue à mesure que l'être est mieux conformé.

: Et l'homme est au sommet de l'échelle, mais comme lui, il est doué de raison, d'intelligence et de conscience, comme il progresse sans cesse, sa fécondité, à l'encontre de celle des êtres irraisonnables, se modifie. Alors qu'aujourd'hui plantes, poissons, oiseaux, quadrupèdes, quadrumanes jettent par le monde la même quantité de graines ou de petits animaux qu'il y a quatre ou cinq mille ans, l'homme devient de moins en moins fécond à mesure qu'il grandit en civilisation. Quelles qu'en soient les raisons, la loi est certaine, fatale et nul législateur humain ne parviendra à la modifier.

La nature, dans sa sagesse infinie, a donné aux êtres animés cette force de reproduction immense pour sauver les espèces et empêcher le désert de se faire sur la terre ; mais précisément, conformément à cette loi, à mesure que l'humanité grandit en civilisation, il y a moins de dangers pour elle, les guerres sont plus rares et moins meurtrières, les famines ne fauchent plus les peuples, la science médicale et hygiénique retarde de plus en plus l'heure où la mort inéluctable vient saisir sa proie. De moins en moins il y a donc besoin pour la nature de se préoccuper des dangers qui menacent l'existence même de l'humanité, de moins en moins il est nécessaire de lui assurer une fécondité extrême.

Les préoccupations incessantes des législateurs, cette loi dont je vous ai entretenu trop longtemps ce soir, Messieurs, abusant de votre bienveillante attention, sont l'attestation même de la sagesse de ces lois providentielles.

. Le but de l'humanité n'est pas de croître et de multiplier à l'infini comme les bêtes et les plantes ; son but est de grandir sans cesse en intelligence, en moralité, en bien-être.

Son but n'est pas d'avoir une multitude considérable d'êtres malheureux et souffreteux; son but c'est de n'avoir que des enfants sains, vigoureux, intelligents, jouissant ici-bas de la plus grande somme de bonheur possible.

C'est là la vraie loi humaine: qualité avant quantité.

Et, jusqu'à ce jour, à de rares exceptions, tous ceux qui ont poussé à la reproduction n'ont nullement songé au bonheur de l'humanité, ils n'ont tous songé qu'à leur bonheur à eux, à leur bonheur gagné au prix de nombreux esclaves, au prix de nombreux soldats mourant pour leur gloire. Ce fut la pensée de Louis XIV, ce fut celle de Napoléon : *huma-num paucis vivit genus*, le genre humain vit pour quelques-uns.

Non, l'humanité n'est point faite pour la guerre et pour enfanter des soldats qui iront mourir pour la vaine gloire de quelques despostes; non, contrairement à ce qu'a osé dire, il y a trois ans, le sanglant vainqueur de Sadowa et de Sedan, le comte de Moltke, *la guerre n'est pas sainte, la guerre n'est pas d'institution divine, la guerre n'est pas une des lois sacrées du monde.*

L'humanité est faite pour la paix et pour le travail, pour se développer sans cesse, pour grandir tout à la fois dans son intelligence et dans son bien-être, pour se rapprocher sans cesse davantage de la Perfection, de l'Infini, c'est-à-dire de la Divinité.

www.ingramcontent.com/pod-product-compliance
Lightning Source LLC
Chambersburg PA
CBHW070201200326
41520CB00018B/5492